Encontré muchos insectos

Por Margie Burton, Cathy French y Tammy Jones
Adaptado por Felicia López y Raquel C. Mireles

El lunes,
fui a buscar insectos.
Los busqué en las hojas
de los árboles.

Los insectos
se esconden
en las hojas
de los árboles.
A veces
se comen las hojas.

¿Cuántos insectos encontré?

la oruga

el escarabajo

Yo encontré _____ insectos.

El martes,
fui a buscar insectos.
Los busqué
en el lago.

Algunos insectos
viven dentro del agua.
Otros viven afuera del agua.

¿Cuántos insectos encontré?

el barquero

la libélula

el girín o escarabajo del agua

Yo encontré _____ insectos.

El miércoles,
fui a buscar insectos.
Los busqué

debajo
de las piedras

y debajo
de la leña.

Estos insectos viven en la tierra.
¿Cuántos insectos encontré?

la cochinilla

el milpiés

el ciempiés

la tijereta

Yo encontré_____insectos.

El jueves,
fui a buscar más insectos.

Los encontré
en la tierra,

en las hojas

y en las flores.

¿Cuántos insectos encontré?

la mariposa monarca

la mantis rezadora

la abeja

Yo encontré_____insectos.

El viernes,
fui a buscar más insectos.
Yo puse azúcar para atraer
a las hormigas.

Encontré
hormigas rojas

y hormigas negras.

¿Cuántos insectos encontré?
Yo encontré_____insectos.

Esta es una colonia de hormigas.

El sábado,
fui a buscar más insectos.
Los busqué en el patio de mi casa.

¿Cuántos insectos encontré?

la mariquita

la mariposa blanca

Yo encontré_____insectos.

Y cuando estaba oscuro,
yo encontré más insectos.

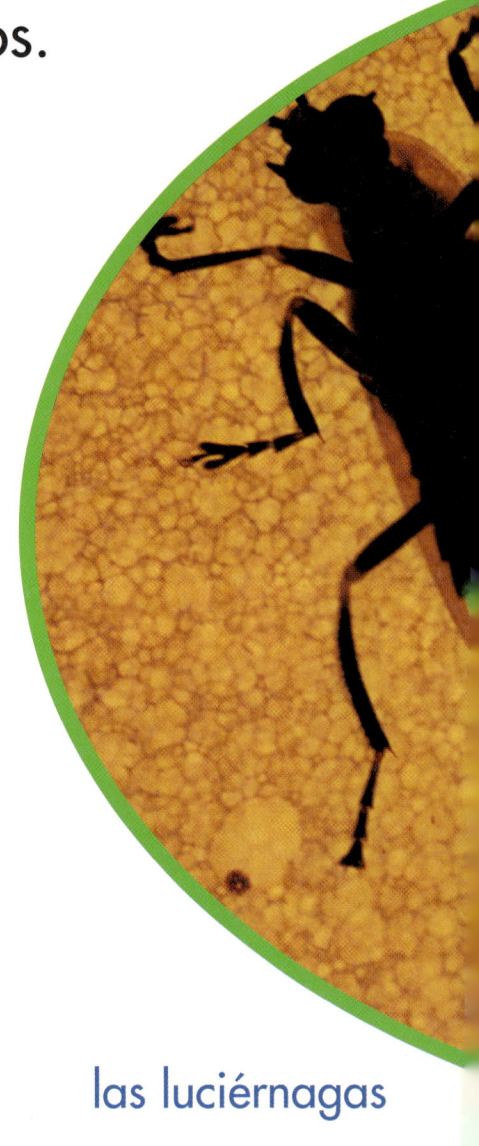

las luciérnagas

¿Cuántos insectos encontré?

Yo encontré_____insectos.

Pero este insecto
me encontró a mí.

el mosquito